PARC

Giorgio de Chirico

FAGE éditions

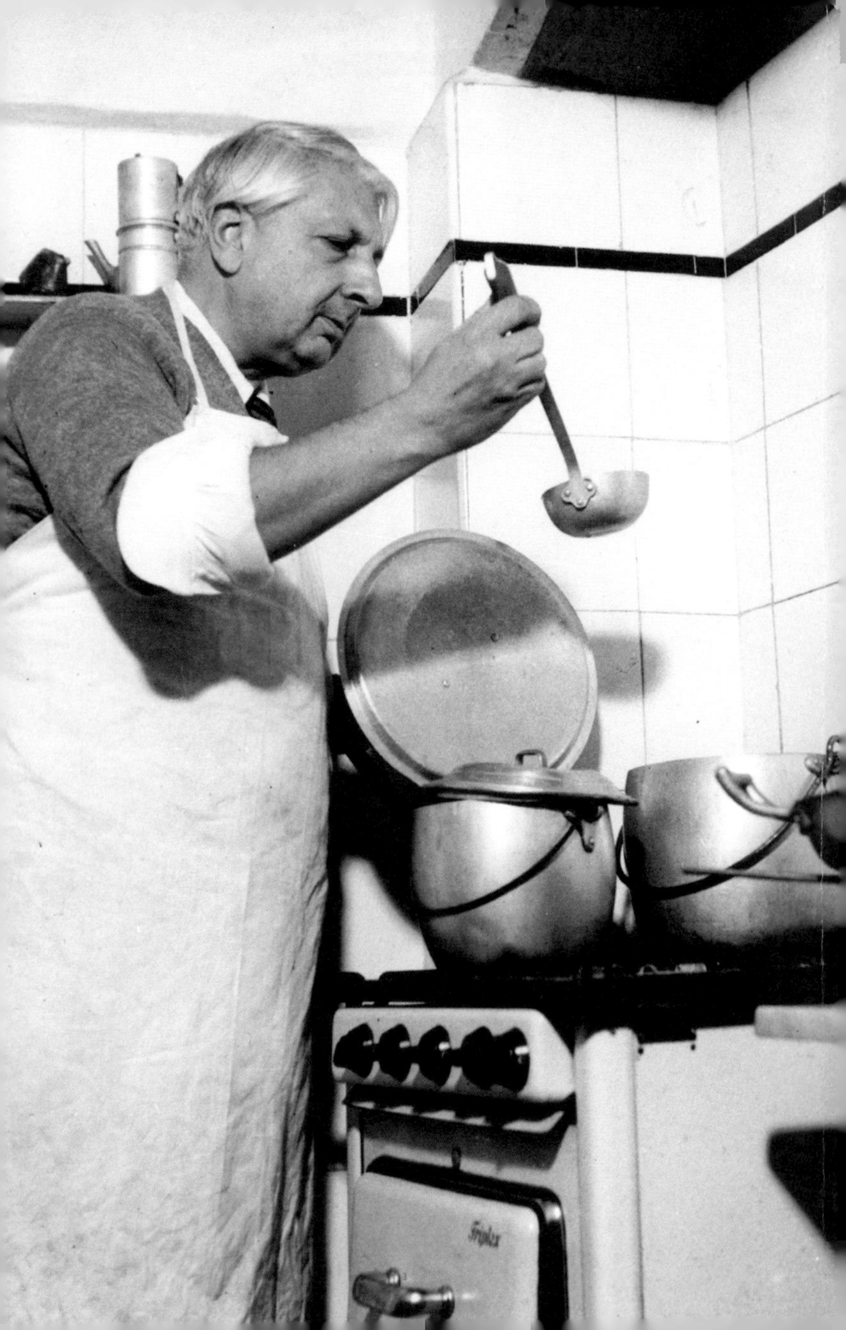

Quand je visite un musée, avant même de regarder l'aspect lyrique et spirituel d'un tableau, je suis surtout curieux de voir, de comprendre *comment il est peint*. Il y a beaucoup de peintres modernes qui professent une sorte de dédain ostentatoire pour les secrets et les recettes de la technique picturale qu'ils qualifient de « cuisine ». De telles personnes me donnent la même impression que ces défenseurs sévères d'un certain genre de peinture toujours défini, à tort, par les termes *réalisme* et *naturalisme*, et qui croient anéantir tout phénomène lyrique et spirituel dans l'art, par la définition : littérature.

When I visit a museum, before looking at the lyrical or spiritual aspect of a painting, I want to see, to understand, *how it was painted*. There are many modern painters who openly disdain the secrets and recipes of a pictorial technique they regard as a form of "cooking". To me they're like the severe proponents of a certain genre of painting that's erroneously seen as "realism" or "naturalism". They want to remove anything lyrical or spiritual from art by the use of the term "literature".

Préface au *Petit traité de technique de peinture*, février-avril 1928

Giorgio de Chirico en cuisine, 1948
Giorgio de Chirico, cooking

Une révélation peut naître tout à coup, quand nous l'attendons le moins, et peut-être aussi provoquée par la vue de quelque chose comme un édifice, une rue, un jardin, une place publique etc. – Dans le premier cas elle appartient à un genre de sensations étranges que moi, je n'ai observé que dans un seul homme : Nietzsche. – Lorsque ce dernier parle de la conception de son Zarathustra et qu'il dit : j'ai été *surpris* par Zarathustra, dans ce participe surpris se trouve toute l'énigme de la révélation qui vient soudainement.

A revelation can appear suddenly, when least expected, or perhaps due to seeing something like a building, a garden, a square, etc. In the first case it belongs to a kind of sensation that's strange to me. There's only one person I know of who expresses it: Nietzsche. When he talks about Zarathustra, saying he was "surprised" by Zarathustra, this constitutes the whole enigma of sudden revelation.

Notes parisiennes, 1911-1912

Prométhée, 1908-1909
Prometheus
Huile sur toile, 117 x 81 cm
Collection particulière

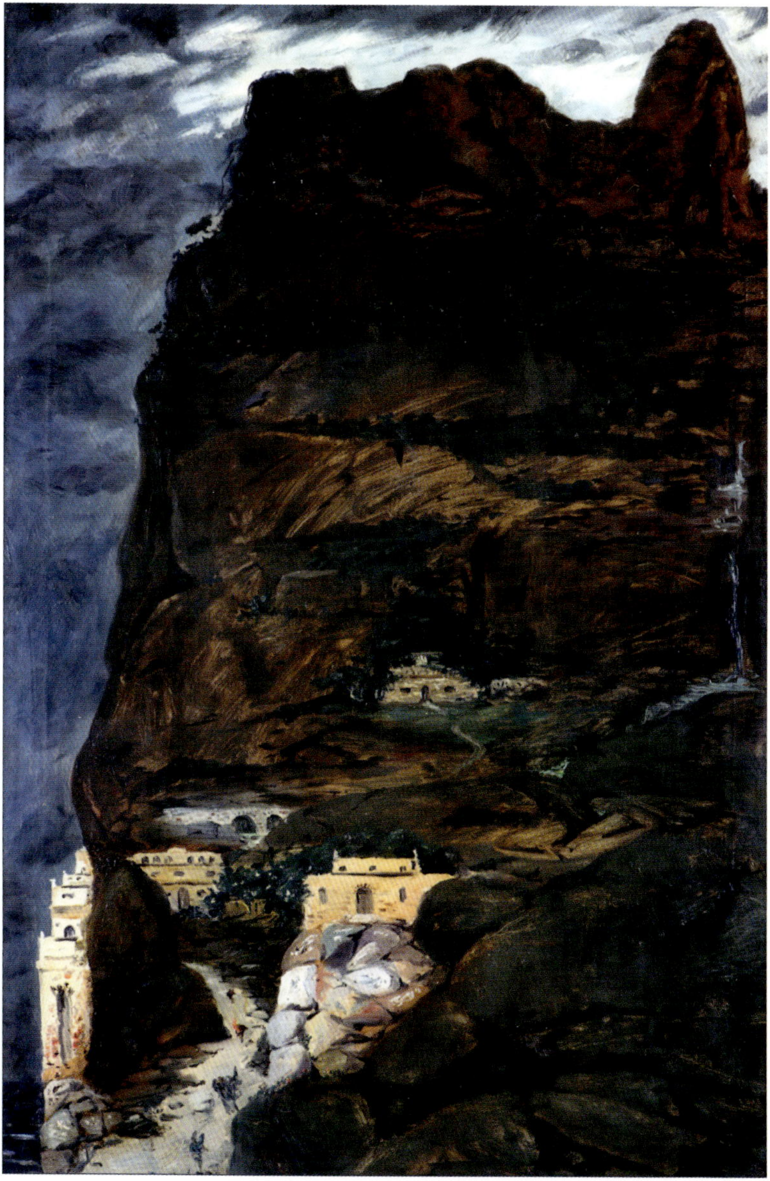

Si aujourd'hui mon maître Mavroudis se trouvait à Rome, il pourrait donner des leçons à tous nos « génies » modernes et leur enseigner qu'avant d'être cézanniens, picassiens, soutiniens, ou matissiens, avant de connaître l'émotion, l'angoisse, la sincérité, la sensibilité, la spontanéité, la spiritualité, et autres idioties de même farine, ils feraient mieux d'apprendre à tailler une belle et bonne pointe à leur crayon et, ensuite, avec cette belle et bonne pointe, de s'efforcer de dessiner un œil, un nez, une bouche ou une oreille avec exactitude.

If my master Mavroudis was in Rome these days, he might teach our modern "geniuses" that, before becoming Cézannians, Picassians, Soutinians or Matissians, or feeling emotion, anguish, sincerity, sensibility, spontaneity, spirituality, or any other, similar idiocy, they'd do better to sharpen their pencils, and set about drawing an eye, a nose, a mouth or an ear with exactitude.

Mémoires

Portrait du frère de l'artiste, 1910
Portrait of the artist's brother
Huile sur toile, 119 x 75 cm
Berlin, Nationalgalerie, Staatliche Museen zu Berlin

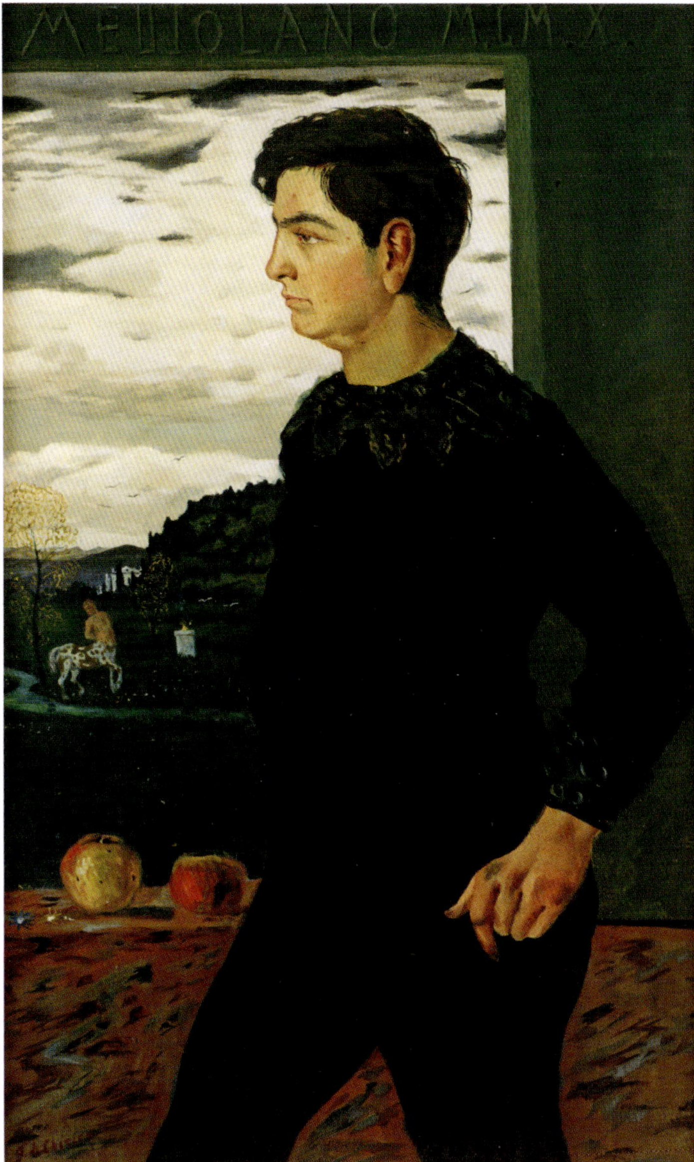

La lumière, je la vois aussi ; pour bien qu'elle soit reproduite, je la vois aussi dans la nature et une peinture avec un tel but ne saurait jamais me donner la sensation de quelque chose de nouveau, de quelque chose qu'avant *je ne connaissais pas.* Tandis que les sensations étranges que peut sentir un homme reproduites fidèlement par celui-ci peuvent toujours donner à une personne sensible et intelligente des *joies nouvelles.*

I also see light. If it's to be reproduced correctly, it has to be seen in nature; and painting with that kind of aim would never strike me as something new, or something which, previously, *I didn't know*, whereas strange feelings that are experienced, and faithfully reconstituted, can give a sensitive, intelligent person *new joys.*

Notes parisiennes, 1911-1912

La Nostalgie de l'infini, 1912
The nostalgia of the infinite
Huile sur toile, 135,5 x 64,8 cm
New York, The Museum of Modern Art

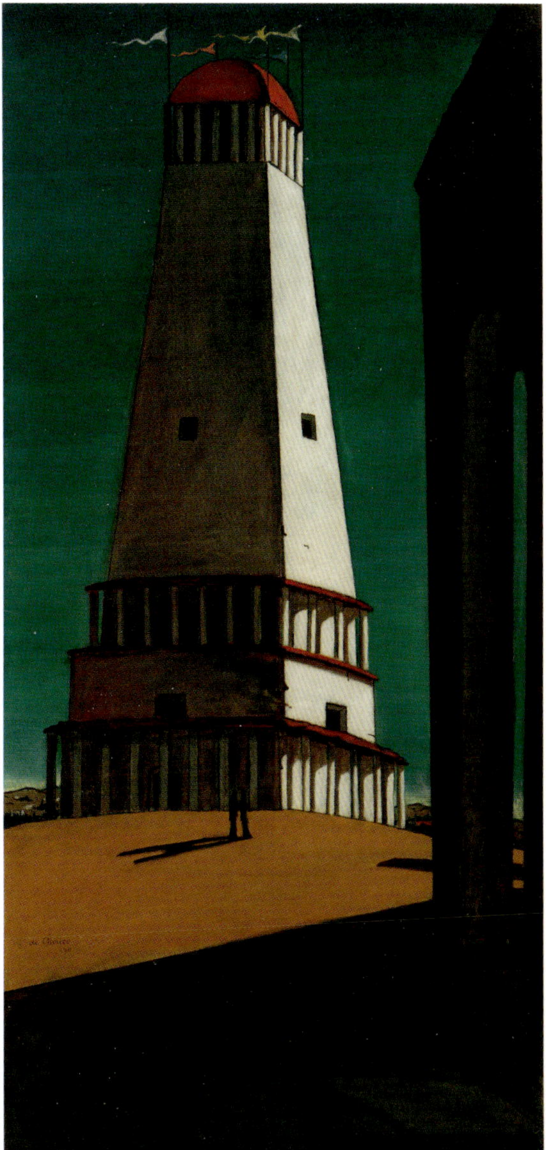

Lorsque Nietzsche parle du plaisir qu'il trouve à lire Stendhal, ou à écouter la musique de *Carmen*, on sent, si on est psychologue, ce qu'il entendait par là : ce n'est plus un livre, ce n'est plus un morceau de musique ; c'est une *chose* qui donne une sensation ; on pèse, on juge cette sensation, on la compare à d'autres plus connues et on la choisit car on la trouve plus nouvelle.
Une œuvre d'art vraiment immortelle ne peut naître que par révélation.

When Nietzsche talks about the pleasure he gets from reading Stendhal, or listening to *Carmen*, well, if you're a bit of a psychologist you can see what he means. It's not a book, or a piece of music; it's a *thing* that produces a feeling. You weigh up, you evaluate the feeling. You compare it to others that are better known, and you choose it because you find it newer.
A truly immortal work of art can only be brought about by a revelation.

Notes parisiennes, 1913

L'Incertitude du poète, 1913
The uncertainty of the poet
Huile sur toile, 106 x 94 cm
Londres, The Tate Gallery

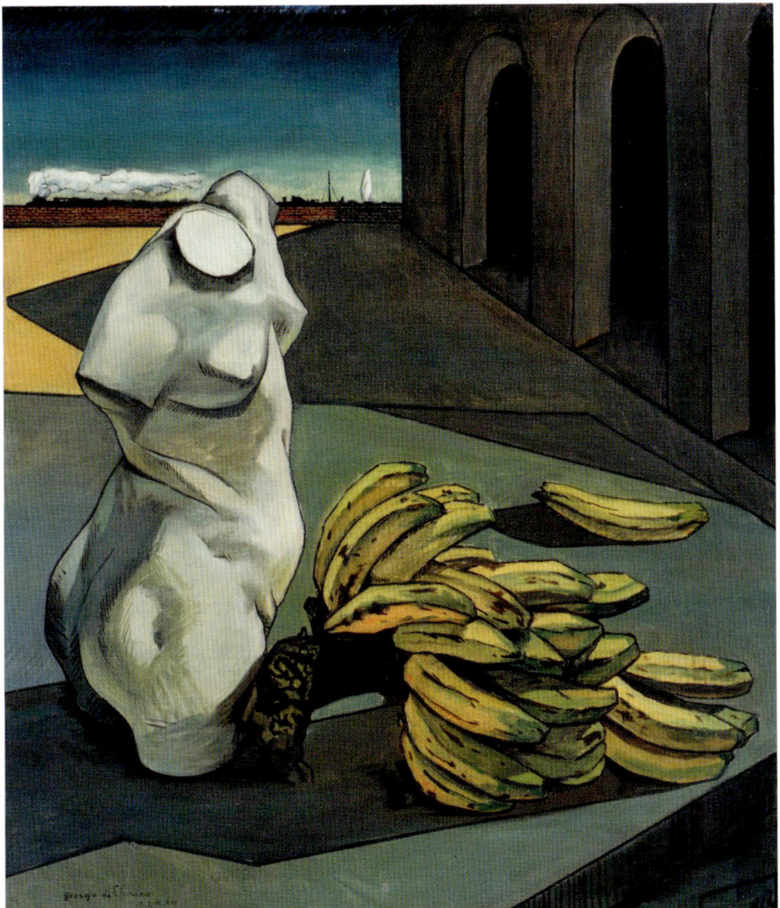

Ce qu'il faut surtout c'est débarrasser l'art de tout ce qu'il contient de connu jusqu'à présent, tout sujet, toute idée, toute pensée, tout symbole doit être mis de côté. [...] Avoir le courage de *renoncer* à tout le reste. Voilà ce que sera l'artiste de l'avenir ; quelqu'un qui renonce tous les jours à quelque chose ; dont la *personnalité* devient tous les jours plus pure et plus innocente. Car même sans suivre les traces d'un autre, tant qu'on subit une influence directe de quelque chose qu'un autre *sait aussi*, de quelque chose qu'on pourrait lire dans un livre ou rencontrer dans un musée, on n'est pas un artiste créateur comme je l'entends moi.

What's necessary, above all, is to free art from everything that's been known up to now. Every subject, every idea, every thought, every symbol must be set aside. [...] Summoning the courage to *give up* all the rest. This is what the artist of the future will be – someone who gives something up each day, and whose *personality* becomes purer and more innocent each day. Because even without following in someone else's footsteps, if you experience the direct influence of something that someone else *also knows*, or something you could read in a book or see in a museum, you're not a creative artist, such as I understand the idea.

Notes parisiennes, 1912

L'Angoisse du départ, 1913
The anguish of departure
Huile sur toile, 84,5 x 70 cm
Buffalo, The Albright-Knox Art Gallery

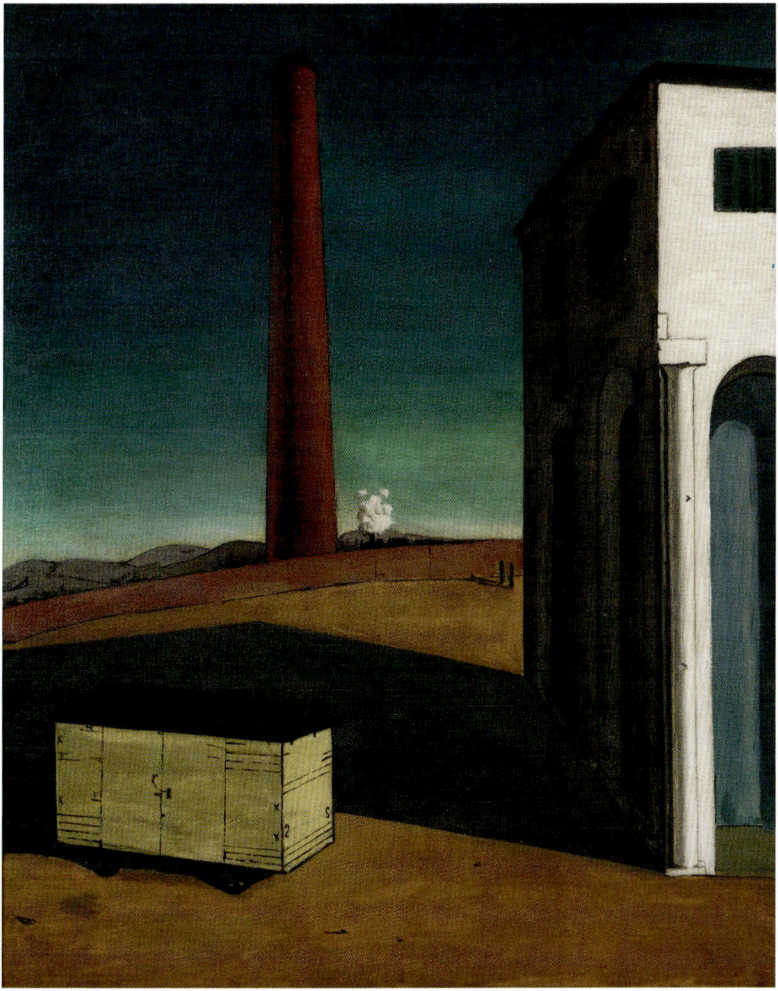

Pour qu'une œuvre d'art soit vraiment immortelle il faut qu'elle sorte complétement des limites de l'humain : le bon sens et la logique y feront défaut. – De cette façon elle s'approchera du rêve et aussi de la mentalité enfantine.

For a work of art to be truly immortal, it has to go beyond the limits of the human. Otherwise, good sense and logic will be lacking. In this way, it can get close to a dream state, and to an infantile state of mind.

Notes parisiennes

La Conquête du philosophe, 1914
The philosopher's conquest
Huile sur toile, 125,8 x 100,3 cm
Chicago, The Art Institute of Chicago

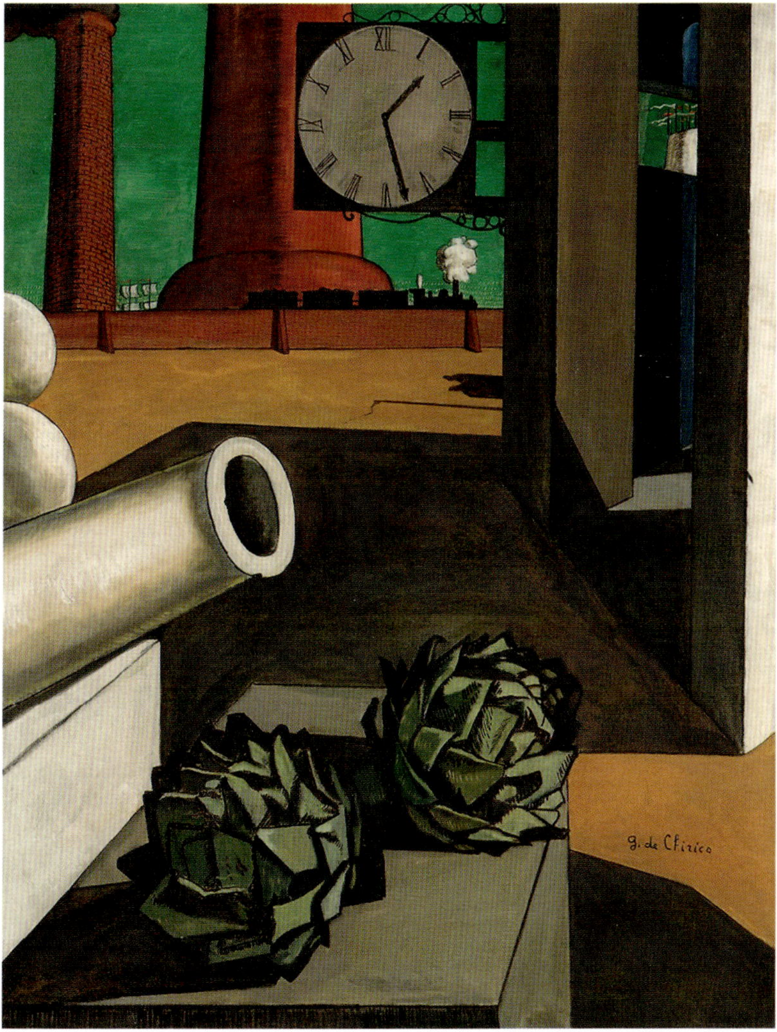
g. de Chirico

Sur la terre. Il y a bien plus d'énigmes dans l'ombre d'un homme qui marche au soleil que dans toutes les religions passées, présentes et futures.

On earth. There are many more enigmas in the shadow of a man walking in sunlight than in any religion, past, present or future.

Notes parisiennes, 1911

L'Énigme d'une journée, 1914
The enigma of a day
Huile sur toile, 185,5 x 139,7 cm
New York, The Museum of Modern Art

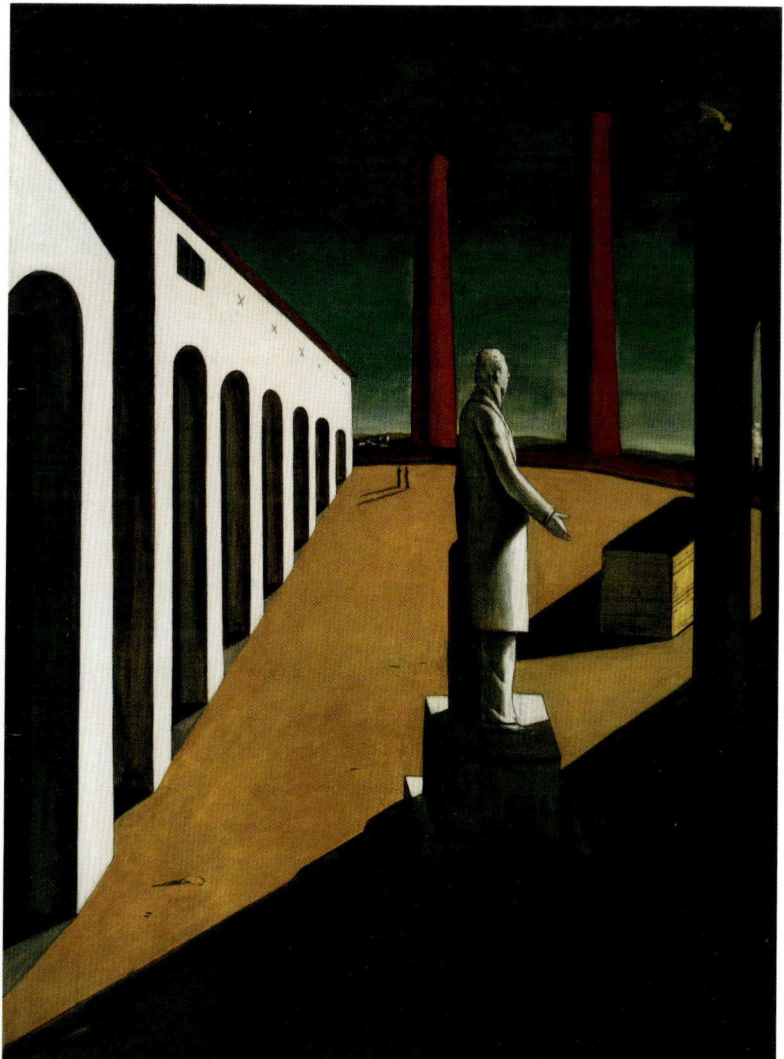

Le rideau s'ouvre et un tableau d'une merveilleuse tendresse se forme tout seul dans le silence : entre l'innocence tragique des toiles laquées par le Douanier-peintre et les architectures métaphysiques de votre serviteur, je vois la flamme d'une lampe à pétrole, des petites pipes à deux sous, jaunies par la nicotine, une longue bibliothèque de bois blanc chargée de volumes, des amis taciturnes assis dans l'ombre ; … et voilà que, comme sous le rayon lumineux d'une lanterne magique, se dessine sur la paroi le rectangle fatal d'un ciel vert Véronèse, et sur ce ciel s'incline à nouveau le profil du centurion triste… C'est Apollinaire le revenant, l'ami poète qui me défendit en terre étrangère et que je ne reverrai jamais.

The curtain opens, and a painting of marvellous tenderness forms all alone in the silence. Between the tragic innocence of Le Douanier and the metaphysical architectures of yours truly, I see the flicker of an oil lamp, cheap little nicotine-stained pipes, a long bookcase in pale wood, full of books, taciturn friends seated in shadow… And there, as though in the bright beam of a magic lantern, on the wall, the fatal rectangle of a Veronese-green sky, and on the sky, once more, the profile of the sad centurion… It's the ghost of Apollinaire, my poet friend who supported me in a foreign land, but who I'll never see again.

Guillaume Apollinaire, novembre 1918

Portrait (prémonitoire) de Guillaume Apollinaire, 1914
(Premonitory) portrait of Guillaume Apollinaire
Huile sur toile, 81,5 x 65 cm
Paris, Centre Pompidou, musée national d'Art moderne

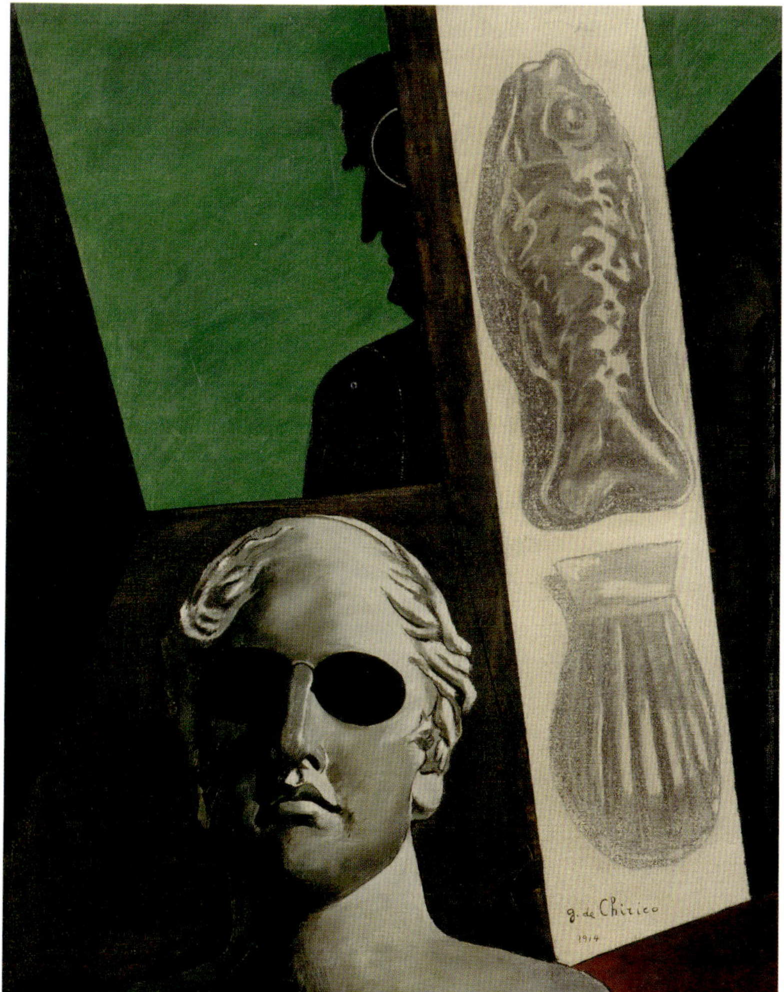
g. de Chirico
1914

Je suis très heureux de penser qu'il y a au monde un homme comme vous qui est à la fois ami et collaborateur ; pour que vous puissiez vous enthousiasmer pour des choses tellement *métaphysiques*, pour ainsi dire, vous devez [avoir], mon cher ami, une intelligence rare, très rare, car plus je vis, plus je connais les gens, et plus je me rends compte combien ce don des Dieux (l'intelligence) est une chose peu commune ; je crois même que l'intelligence telle que nous l'entendons nous autres, l'intelligence nietzschéenne, l'intelligence qui tient du Dieu et de l'acrobate, du héros et de la bête, est si rare qu'on pourrait presque dire qu'elle est introuvable, et nous autres qui en avons ravi d'étincelles au ciel, nous autres qui *voyons*, nous pouvons en être fiers, et heureux aussi, car le bonheur, le doux et divin bonheur, nous est dû, quel que soit le destin de notre vie. Ainsi soit-il.

In this world I'm glad there's someone like you who's both a friend and a collaborator. Given your enthusiasm for such metaphysical things, my dear friend, you must possess rare, very rare intelligence, because the longer I live, and the more I find out about people, the more I realise the uncommonness of intelligence, which is a gift from the Gods. In fact I think that intelligence such as people like ourselves understand it – Nietzschian intelligence, the intelligence that has to do with the God and the acrobat, the hero and the beast – is so rare that you might even consider it impossible to find. People such as ourselves who've stolen sparks from the sky, and who see, can be proud of this, and happy too, because joy – sweet, divine joy – is our due, whatever the destiny of our lives. So be it.

Lettre à Paul Guillaume, 16 septembre 1915

Portrait de Paul Guillaume, 1915
Portrait of Paul Guillaume
Huile sur toile, 79 x 57,2 cm
Grenoble, Musée de Grenoble

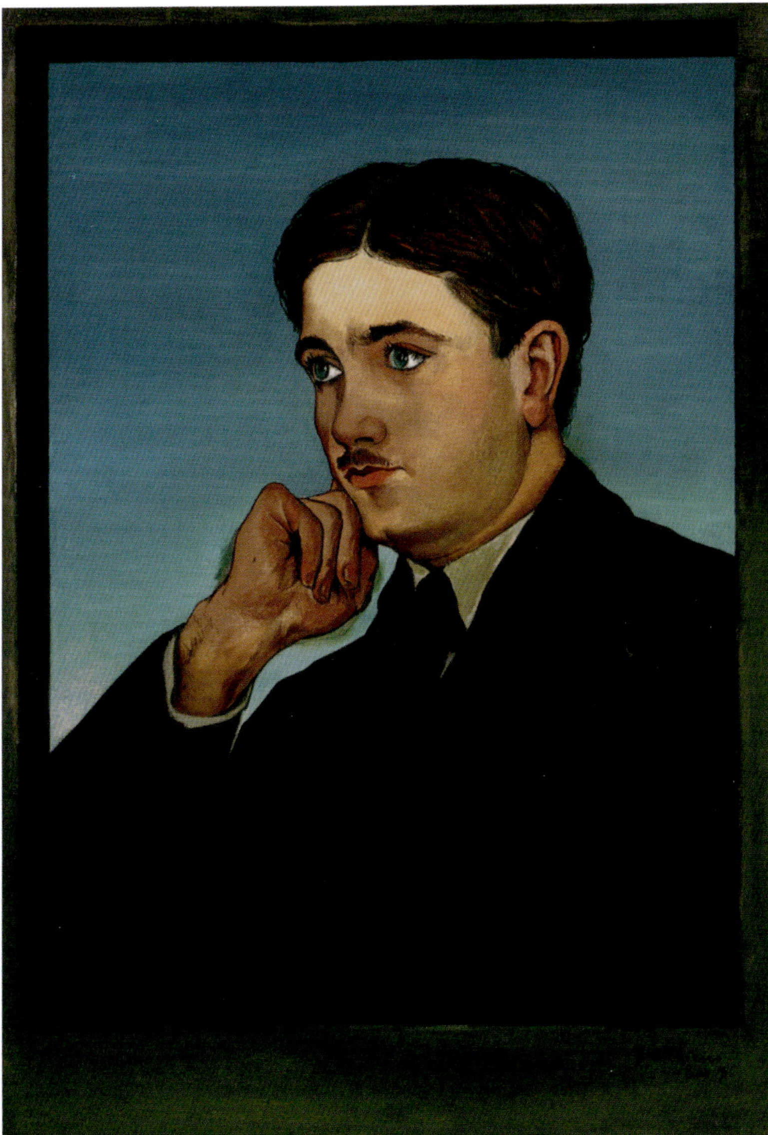

L'aspect de Ferrare, l'une des plus belles villes d'Italie, m'avait frappé. Mais ce qui m'inspira le plus dans les travaux métaphysiques où j'étais engagé alors, c'étaient certains aspects des intérieurs ferrarais, les vitrines, les boutiques, les habitations, certains quartiers comme le vieux ghetto où l'on pouvait trouver des douceurs et des biscuits dont les formes étaient extrêmement métaphysiques et insolites. A cette période appartiennent les tableaux appelés « intérieurs métaphysiques » que, depuis, je n'ai jamais cessé de peindre, avec quelques petites variantes.

I was impressed by Ferrara, one of Italy's most beautiful towns. But what inspired me most about the metaphysical work I was engaged in at the time was certain interiors, windows, shops, dwellings, and districts such as the old ghetto where you could find sweets and biscuits whose shapes were highly metaphysical and unusual. This period gave rise to the "metaphysical interiors", which I've continued painting ever since, with minor variations.

Mémoires

Les Projets de la jeune fille, 1915
The young girl's plans
Huile sur toile, 47,5 x 40,3 cm
New York, The Museum of Modern Art

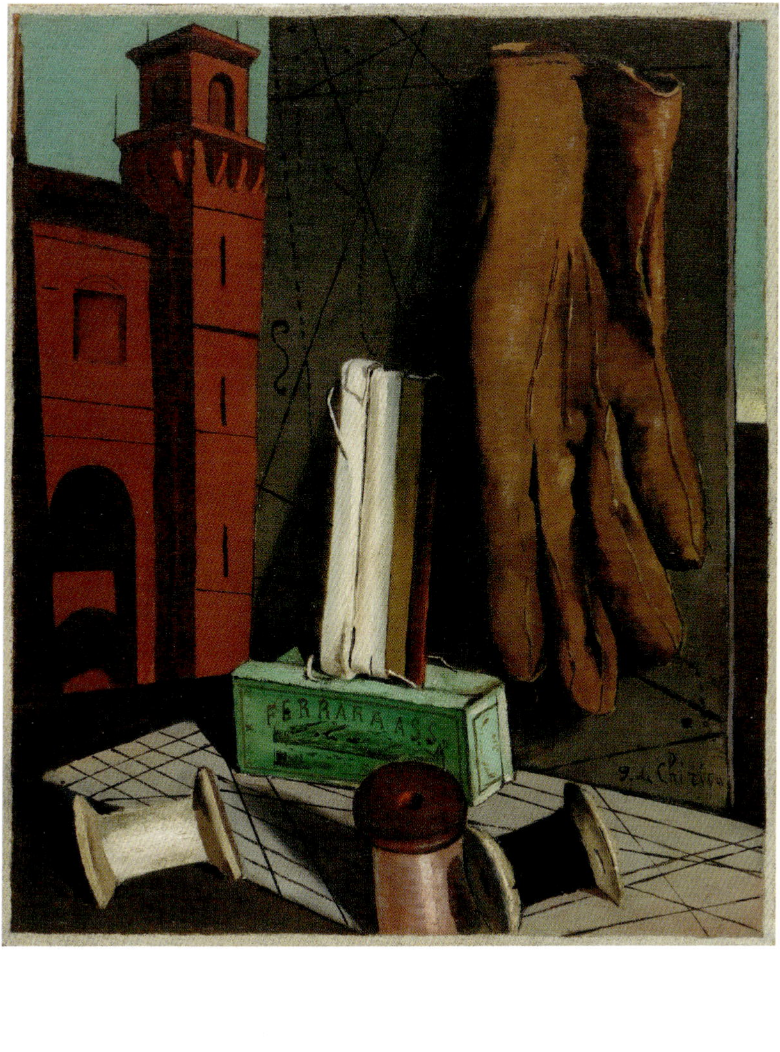
FERRARA A.S.S.
G. de Chirico

De nos fenêtres ouvertes sur les aubes homériques et les crépuscules gros de futur, nous découvrons le spectacle stimulant des ports, des usines et de tous ces quartiers tracés au cordeau qui, à l'approche de certaines villes, font sentir la proximité de la mer. Le hurlement attirant des sirènes nous rappelle à heures fixes notre destin splendide de voyageurs. Épuisés par leurs interminables vols au-dessus des mers, les oiseaux inconnus de contrées lointaines, viennent mourir dans nos chambres. L'Afrique et l'Amérique nous revigorent de souffles nouveaux et tendent des toiles vierges dans nos âmes en alerte.

Looking out of our windows onto Homeric dawns and dusks heavy with the future, we could see ports, factories and residential areas in a grid pattern, which, on the approaches to certain towns, suggest the proximity of the sea. The irresistible song of the sirens reminds us, at times, of our splendid destiny as travellers. Exhausted by their interminable flights over the sea, unknown birds from distant lands come to our rooms to die. Africa and America infuse us with new life, and stretch out virgin canvases in our alerted souls.

« Nous les métaphysiciens », *Cronache d'Attualità*, 5 février 1919

Mélancolie du départ, 1916
Melancholy of departure
Huile sur toile, 51,8 x 36 cm
Londres, The Tate Gallery

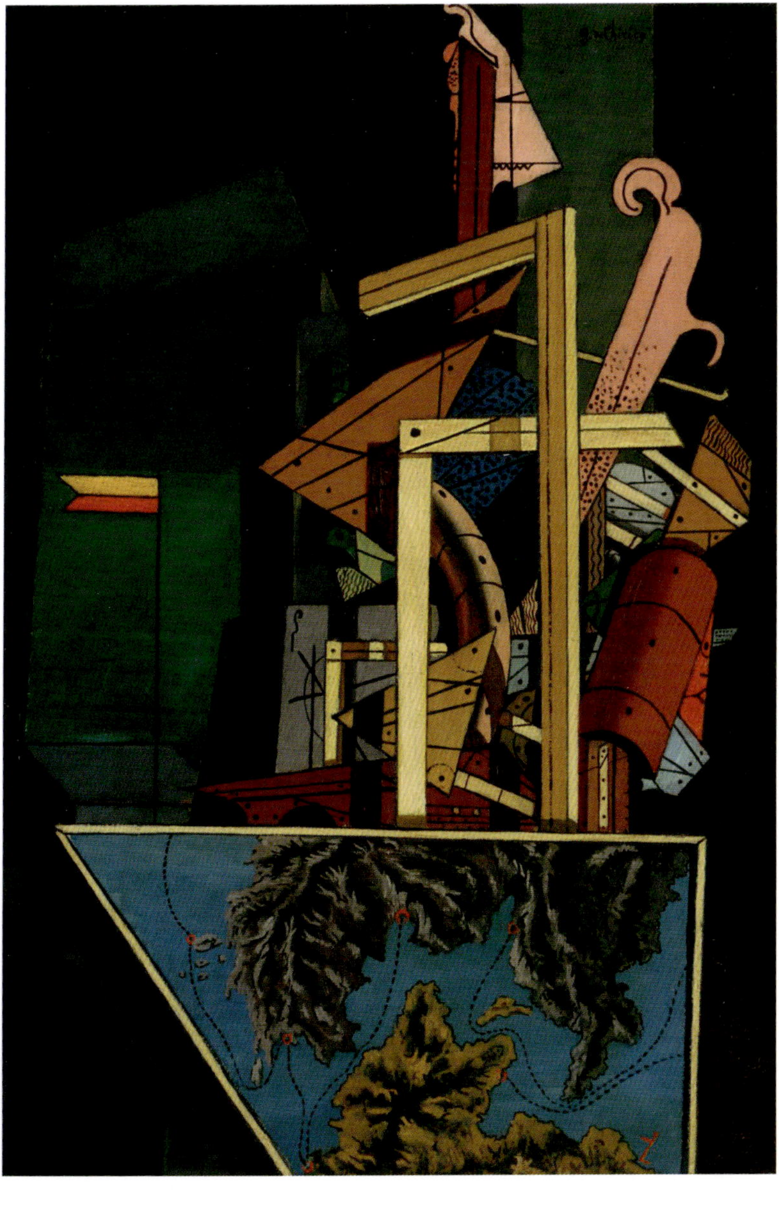

Quel sera le but de la peinture de l'avenir ? Le même que celui de la poésie, de la musique et de la philosophie. Donner des sensations qu'on ne connaissait pas avant. Dépouiller l'art de tout ce qu'il pourrait encore contenir de routine, de règle, de tendance à un sujet, à une synthèse esthétique ; supprimer complétement l'homme comme point de repère, comme moyen pour exprimer un symbole, une sensation ou une pensée : se libérer une bonne fois de ce qui entrave toujours la sculpture : l'anthropomorphisme. Voir tout, même l'homme en tant que *chose*. C'est la méthode nietzschéenne. Appliquée en peinture, elle pourrait donner des résultats extraordinaires. C'est ce que je tâche de prouver avec mes tableaux.

What will be the aim of future painting? The same as that of poetry, music and philosophy: to create previously-unknown perceptions; to divest art of all routines, rules, tropisms towards subjects or aesthetic syntheses; to preclude man as a way to represent a symbol, a feeling or a thought; to break free from what always holds sculpture back, namely anthropomorphism; to see it all, even man, as a *thing*. This is the Nietzschian method. In painting, it could produce extraordinary results. Which is what I'm trying to do.

Notes parisiennes, 1913

Le Rêve de Tobie, 1917
The dream of Tobias
Huile sur toile, 59 x 49 cm
Collection particulière

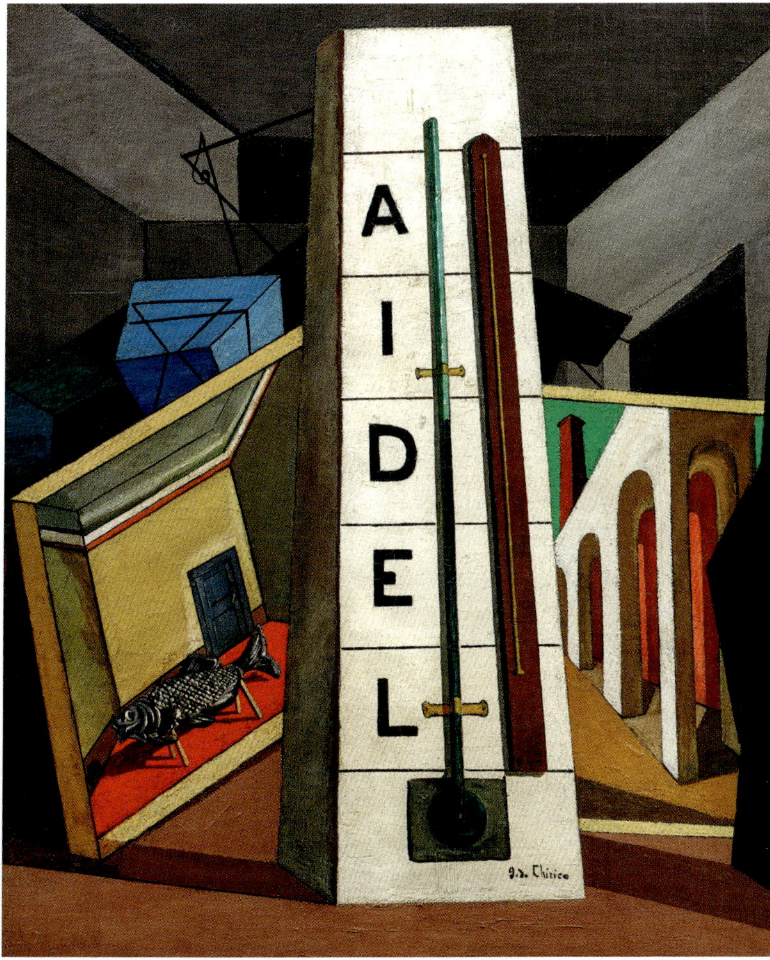
A
I
D
E
L
G. de Chirico

L'atelier du métaphysicien a quelque chose de l'observatoire astronomique, du bureau de l'intendant des finances, de la cabine du gardien de port. Toute superfluité est bannie alors que reviennent trôner certains objets que la sottise universelle avait relégués parmi les inutilités.

The metaphysician's studio is like the astronomer's observatory, the tax inspector's office or the harbourmaster's post. There's no superfluity, but a return to the hegemony of certain objects that universal idiocy regards as futilities.

« Nous les métaphysiciens », *Cronache d'Attualità*, 5 février 1919

Intérieur métaphysique avec sanatorium, 1917
Metaphysical interior with sanatorium
Huile sur toile, 96 x 70,5 cm
New York, The Museum of Modern Art

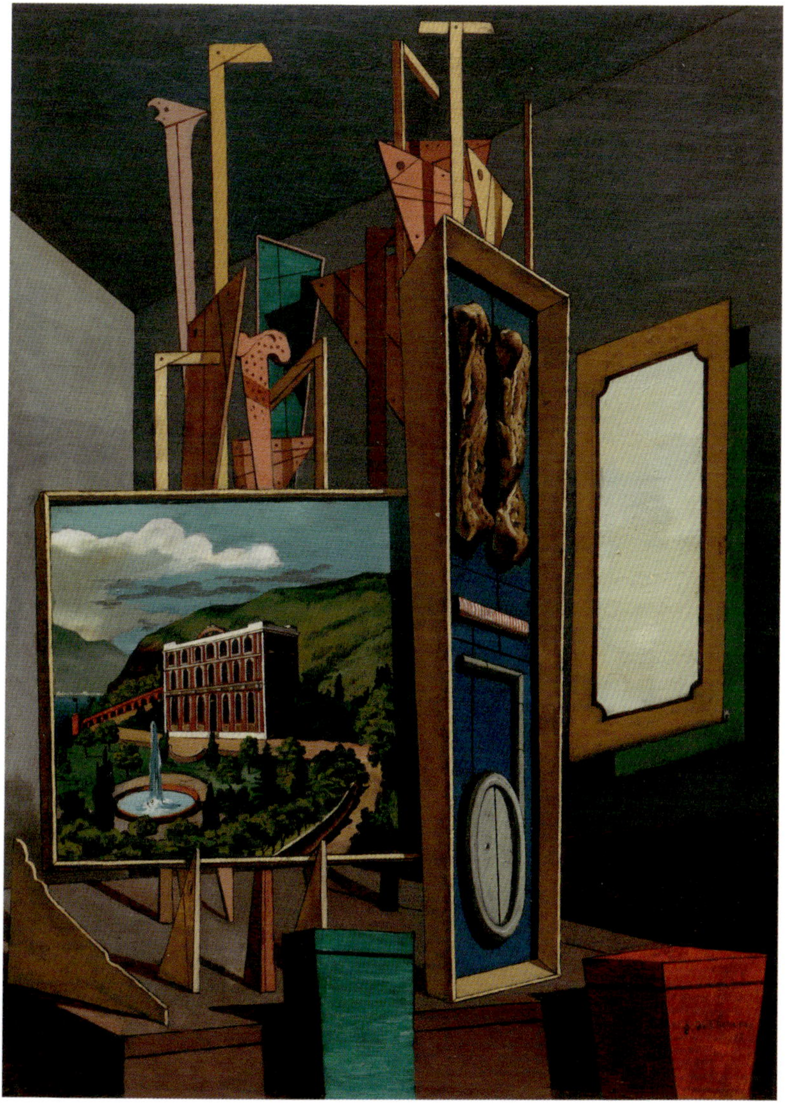

Dans l'esprit de nombreux représentants européens de la faune anthropoïde de l'Afrique et de l'Amérique (cercopithèques, semnopithèques, myopithèques), le mot métaphysique déclenche de sombres visions de grisaille et de nébuleuses, de lacis inextricables et de chaos ténébreux. [...] Quant à moi, je ne vois rien de ténébreux dans le mot « métaphysique » ; il a la même absurde et tranquille beauté que la matière qui pour moi est « métaphysique » comme sont métaphysiques ces objets que la franchise de leur coloris et la précision de leurs contours placent aux antipodes de toute confusion et de toute nébulosité.

For many European representatives of the anthropoid fauna of Africa and America (cercopithecus, semnopithecus, myopithecus), the word "metaphysical" conjures up sombre visions of greyness and nebulae, tangled knots and dark chaos. [...] Personally I see nothing sombre in the word "metaphysical". It has the same absurd, tranquil beauty as matter, which for me is "metaphysical", like those objects whose clear colours and precise outlines are worlds away from confusion or nebulosity.

« Nous les métaphysiciens », *Cronache d'Attualità*, 5 février 1919

Mélancolie hermétique, 1918-1919
Hermetic melancholy
Huile sur toile, 62 x 49,5 cm
Paris, musée d'Art moderne de la Ville de Paris

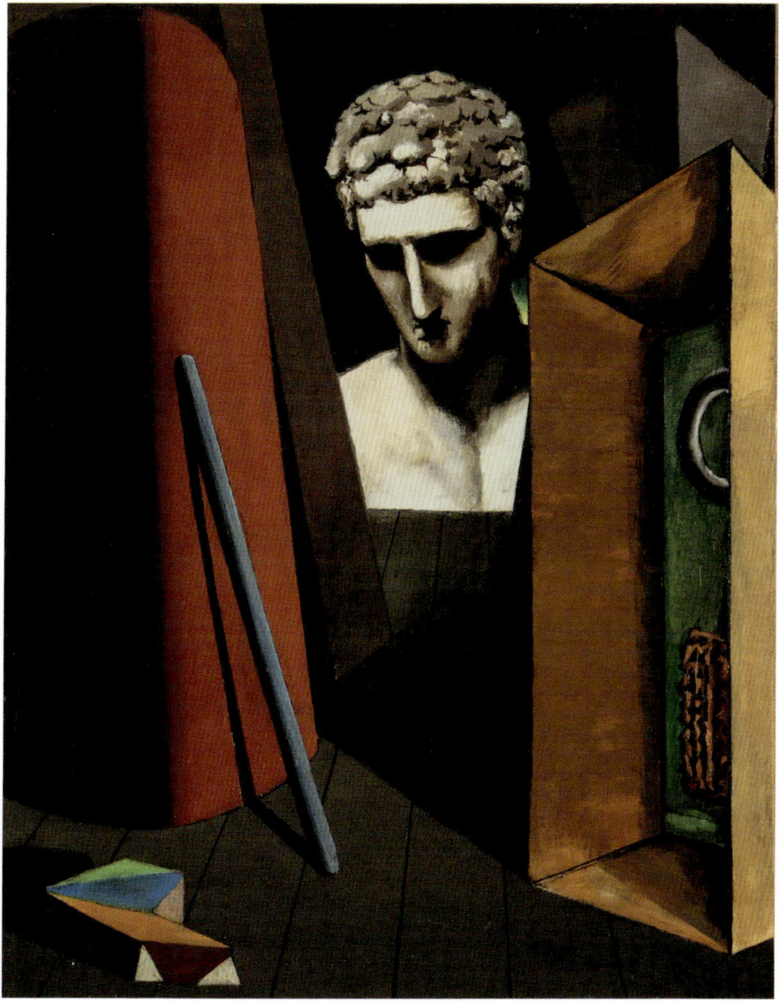

Personne n'a tenté avant moi ce que j'ai tenté en art. Mon œuvre marque une étape formidable dans l'évolution et le complexe engrenage de la création artistique.
La ruse la plus prodigieuse qui revient des horizons inexplorés pour fixer dans la métaphysique éternelle, dans la terrible solitude d'un incompréhensible lyrisme, un biscuit, l'angle formé par deux murs, un dessin qui suggère quelque chose de la nature du monde imbécile et insensé qui nous accompagne dans cette vie ténébreuse.

No one had previously attempted to do what I've attempted to do in art. My work constitutes a major stage in the evolution and complex interactions of artistic creation.
The most prodigious ruse that's returned from unexplored horizons to exemplify, in the eternal metaphysic, in the awful solitude of incomprehensible lyricism, a biscuit, an angle formed by two walls, a drawing that suggests something of the nature of the inane, senseless world we find in this life.

« Nous les métaphysiciens », *Cronache d'Attualità*, 5 février 1919

Autoportrait, 1920
Inscription : *Et qu'est-ce que j'aimerai à part l'aspect métaphysique des choses ?*
Self-portrait
Inscription: *And what will I love, if not the metaphysical aspect of things?*
Huile sur toile, 51 x 40 cm
Munich, Bayerische Staatsgemäldesammlungen, Neue Pinakothek

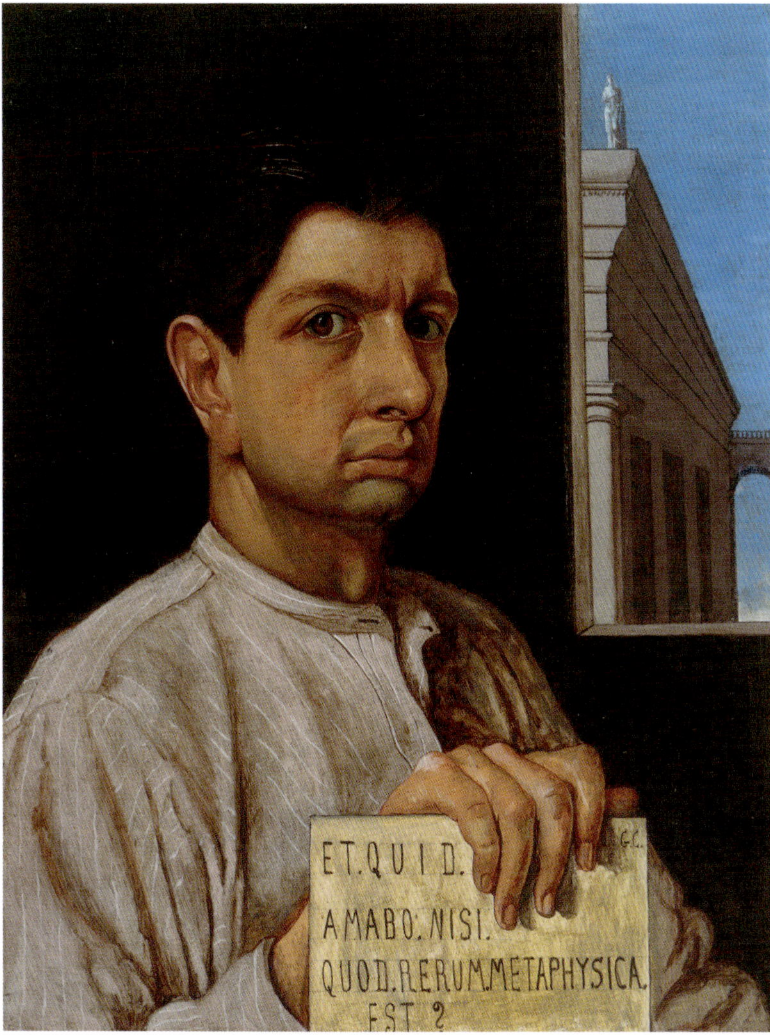
ET. QUID.
AMABO. NISI.
QUOD. RERUM. METAPHYSICA.
EST ?
G.C.

Moi, je n'ai jamais eu ni première, ni seconde, ni troisième, ni quatrième manière ; j'ai toujours fait ce que j'ai voulu faire, en me moquant pas mal des on-dit et des légendes créés sur mon compte par des personnes envieuses ou intéressées.

I've never had a first, second, third or fourth period. I've always done what I wanted, regardless of the rumours and legends that have been spread about me by jealous or self-interested individuals.

Mémoires

Autoportrait, 1925
Self-portrait
Huile sur toile, 62 x 42 cm
Rome, Galleria Nazionale d'Arte Moderna

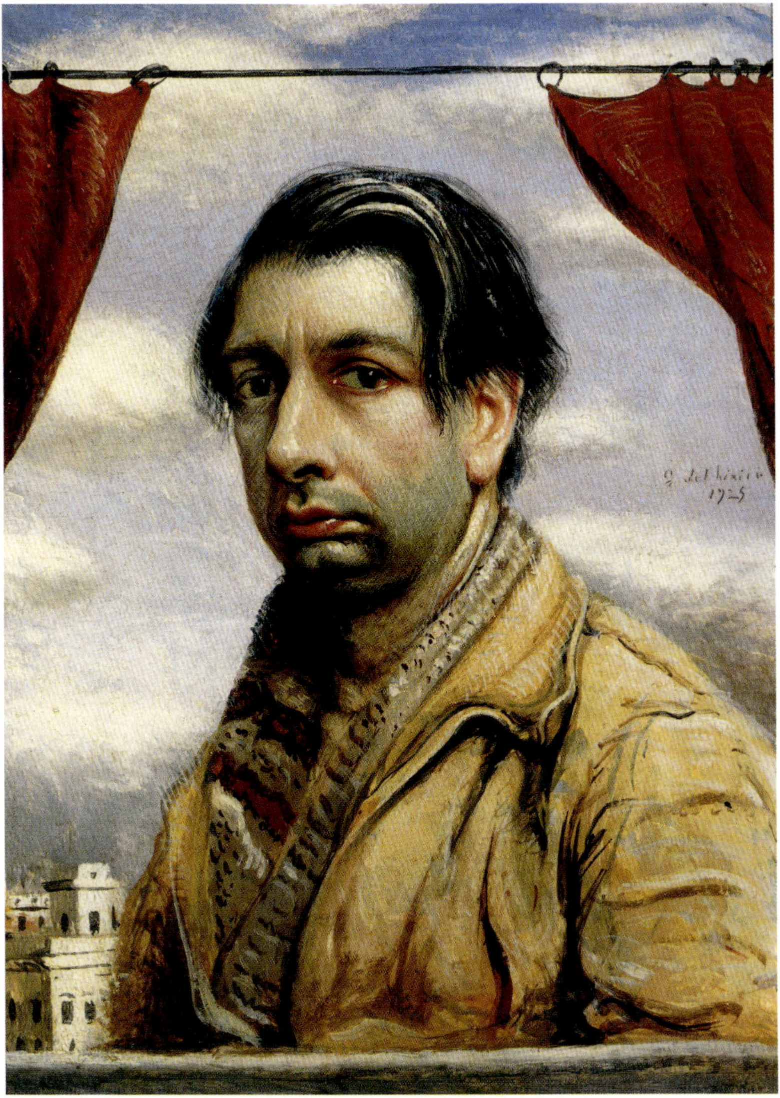

Jamais, depuis que le monde est monde, et depuis qu'il y a des hommes qui se sont occupés de dessiner, de peindre, de modeler et de sculpter, jamais, dis-je, les plus hautes valeurs de l'esprit et les aspirations les plus élevées de l'homme – qui sont l'art et les œuvres d'art – n'ont été prostituées ni traînées dans la fange à un point tel et d'une façon aussi bestiale. Deux des plus grandes hontes de notre temps sont l'encouragement au mal qui se commet en matière d'art [...] et la spéculation basée sur le mensonge, on peut même dire sur l'abus de confiance, afin de profiter de la vanité et de la stupidité des hommes d'aujourd'hui. Tout cela n'avait et n'a toujours qu'un seul but, qu'une seule ambition : l'argent.

Never in the history of the world, since people began drawing, painting, modelling and sculpting – never, I might say, have the highest values of the mind, and the most elevated aspirations, namely art and works of art, been prostituted or dragged through the mud in such a bestial way. Two of the great banes of our time are the encouragement to mischief in the name of art [...] and speculation based on lies, or, let's say, a betrayal of confidence aimed at taking advantage of people's vanity and stupidity. And it has just one aim, one ambition: money.

Mémoires

Dr. Albert C. Barnes, 1926
Huile sur toile, 92,7 x 73,7 cm
Philadelphie, The Barnes Foundation

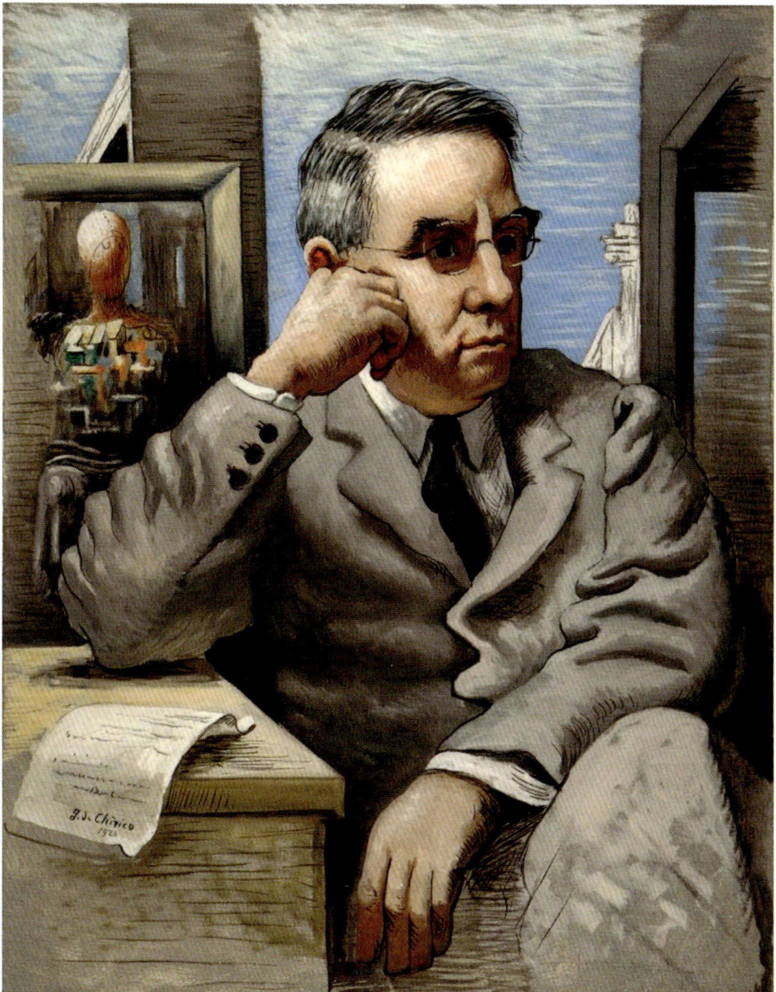

Si on décomposait le mot « métaphysique », on se trouverait face à un autre colossal malentendu : « métaphysique », du grec *ta metà ta phusikà* (« après les choses physiques »), pourrait faire penser que les choses qui se trouvent après les choses physiques doivent être une manière de néant proche du nirvana. Pure sottise si l'on pense que dans l'espace la distance n'existe pas et qu'un inexplicable état X peut se trouver aussi bien au-delà qu'en deçà d'un objet peint, décrit ou imaginé, et le plus souvent (comme c'est le cas chez moi), dans l'objet même.

If you break down the word "metaphysical", you're faced with another huge misunderstanding. From the Greek "ta meta ta phusika" ("after physical things"), it could be taken to signify a kind of nothingness similar to nirvana. Pure foolishness, when you think that, in space, distance doesn't exist, and that an inexplicable state X can be found either on this side or the other of a painted, described or imagined object, and most often (as with my own work) in the object itself.

« Nous les métaphysiciens », *Cronache d'Attualità*, 5 février 1919

Les Époux, 1926
The spouses
Huile sur toile, 60,8 x 50,2 cm
Grenoble, Musée de Grenoble

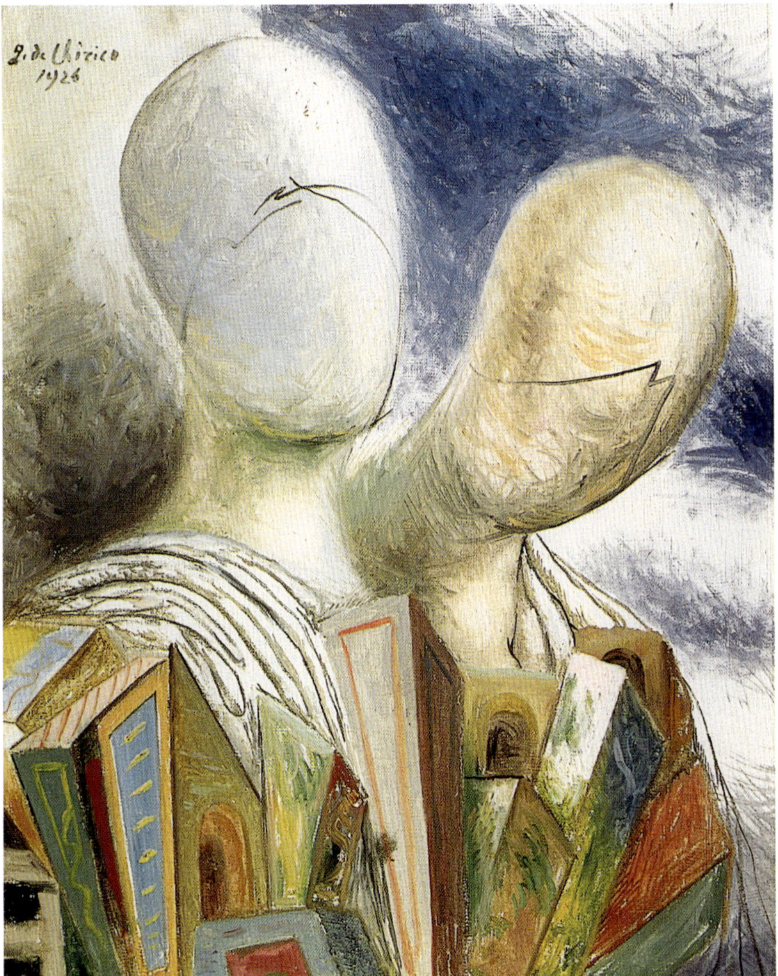
G. de Chirico
1926

L'œuvre vraiment profonde sera puisée par l'artiste dans les profondeurs les plus reculées de son être ; là nulle rumeur de ruisseau, nul chant d'oiseau, nul bruissement de feuillage ne passe ; le gothique et le romanticisme disparaissent ; et à leurs places, apparaissent les dimensions, les lignes, les formes de l'éternité et de l'infini : c'est ce sentiment révélateur qui guide les architectes de la Grèce ; c'est le même sentiment qui créa l'architecture romaine ; c'est pourquoi je crois que les édifices grecs et romains et tous ceux qui ont été créés d'après leur principe quoique un peu transformé sont ce qu'il y a de plus profond en *art*.

A truly profound work will be drawn from the depths of an artist's being, where there's no burbling stream, no birdsong, no rustling foliage. The gothic and the romantic are replaced by the dimensions, the lines, the forms of eternity and infinity. This is what guided the architects of Greece, and gave rise to Roman architecture; which is why I believe that Greek and Roman buildings, and all those that were afterwards created according to the same principles, albeit somewhat transformed, are the profoundest examples of *art*.

Notes parisiennes, 1911-1912

L'Éventualité du destin, 1927
The eventuality of destiny
Huile sur toile, 146 x 114,3 cm
Chicago, The Art Institute of Chicago

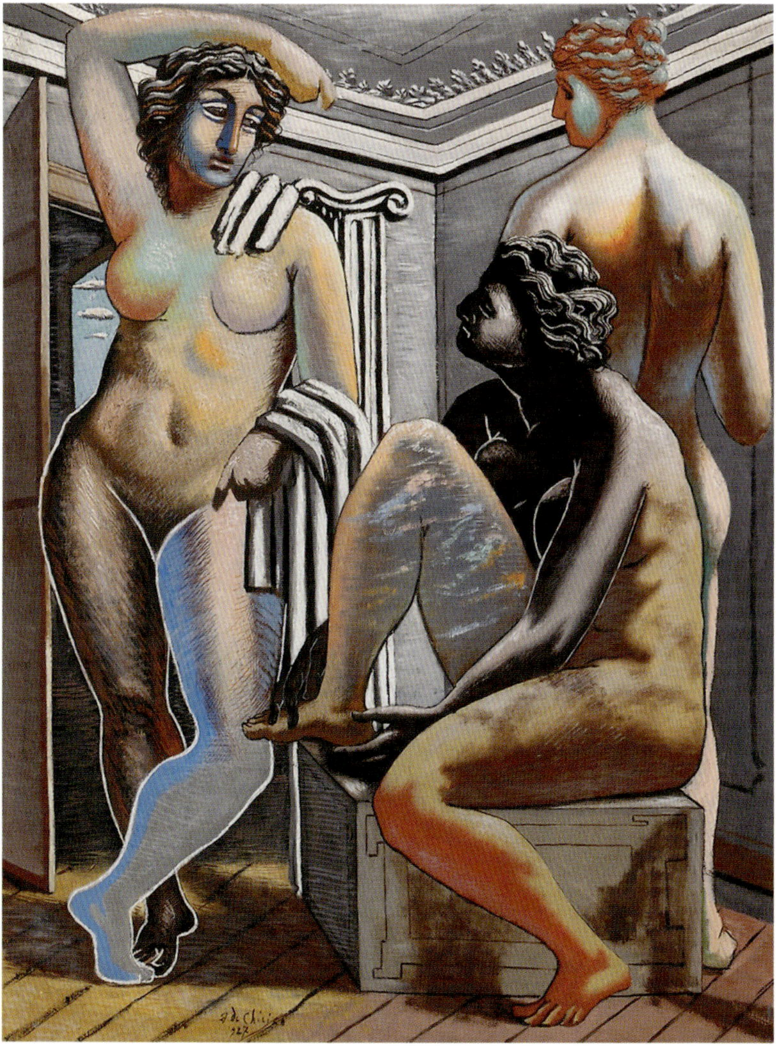

Lorsque la révélation résulte de la vue d'une disposition de choses, alors l'œuvre qui en résulte dans notre pensée est liée d'un lien étroit avec la disposition qu'a provoquée sa naissance ; elle lui ressemble, mais d'une façon fort étrange : comme la ressemblance qu'il y a entre deux frères, ou plutôt entre l'image que nous voyons en rêve et la figure de cette personne dans la réalité ; c'est et en même temps ce n'est pas la même personne : il y a comme une légère transfiguration dans les traits.

When revelation results from an arrangement of things, the resulting work will be closely connected, in our minds, to that arrangement. But the connection is somewhat strange, like the resemblance between two brothers, or rather between the image of a person that we see in a dream and the same person in real life. It both is and is not the person in question. There's a slight transfiguration of the features.

Notes parisiennes, 1913

Les Archéologues, vers 1929
The archaeologists
Huile sur carton, 40 x 30 cm
Collection particulière

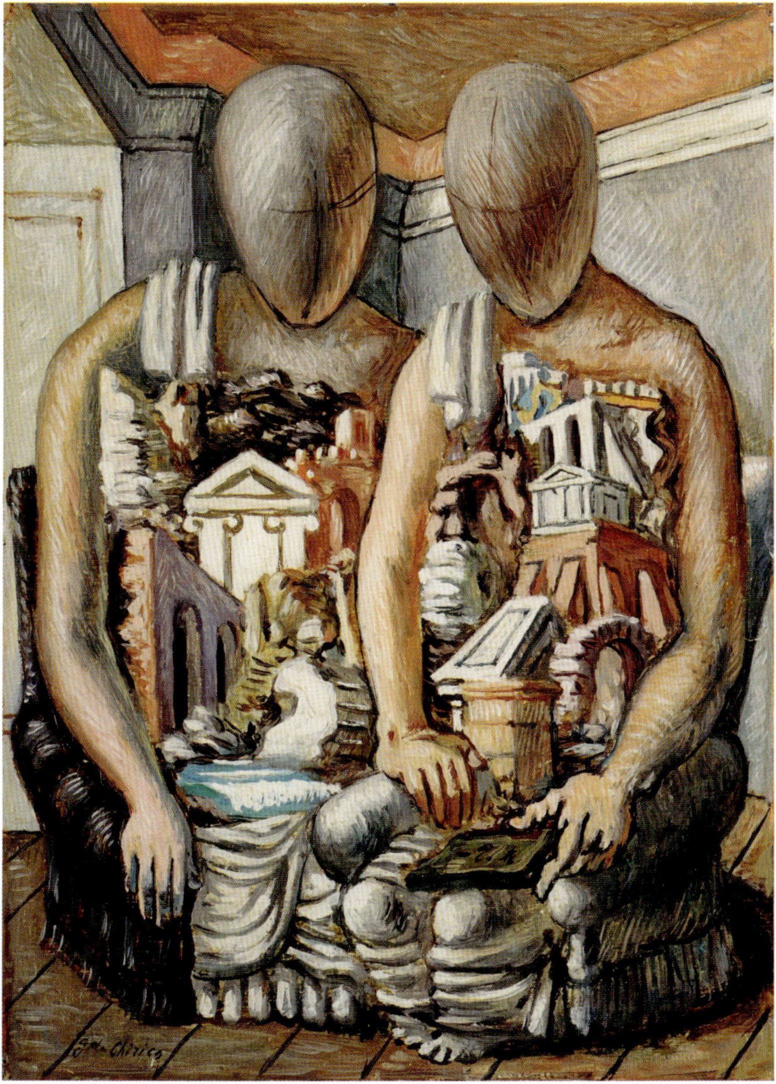
G. de Chirico

Durant mon séjour dans la capitale anglaise, je vécus des heures de profonde émotion métaphysique, toute particulière le dimanche après-midi, en me promenant solitaire le long de la Tamise, en m'arrêtant devant les bureaux fermés des Sociétés de Navigation et ceux des maisons d'Import-Export, en m'arrêtant devant les magasins de conserves alimentaires, de cordages et d'instruments pour la pêche en haute mer ; tout en me promenant, je pensais à mon père, à ma mère, à ma lointaine enfance, à toutes ces choses qui, désormais, me suivaient dans ma vie sur l'aile silencieuse du souvenir.

The English capital provided me with hours of deep metaphysical emotion, particularly on Sunday afternoons, walking by myself along the banks of the Thames and stopping in front of import-export houses, ship chandlers, suppliers of canned goods, ropemakers or manufacturers of instruments for deep-sea fishing. As I strolled along, I thought of my father, my mother, my distant childhood, and everything that had followed me, afterwards, in my life, on the silent wing of memory.

Mémoires

L'Apparition du cygne, 1934
The apparition of the swan
Huile sur toile, 60 x 50,2 cm
Philadelphie, The Barnes Foundation

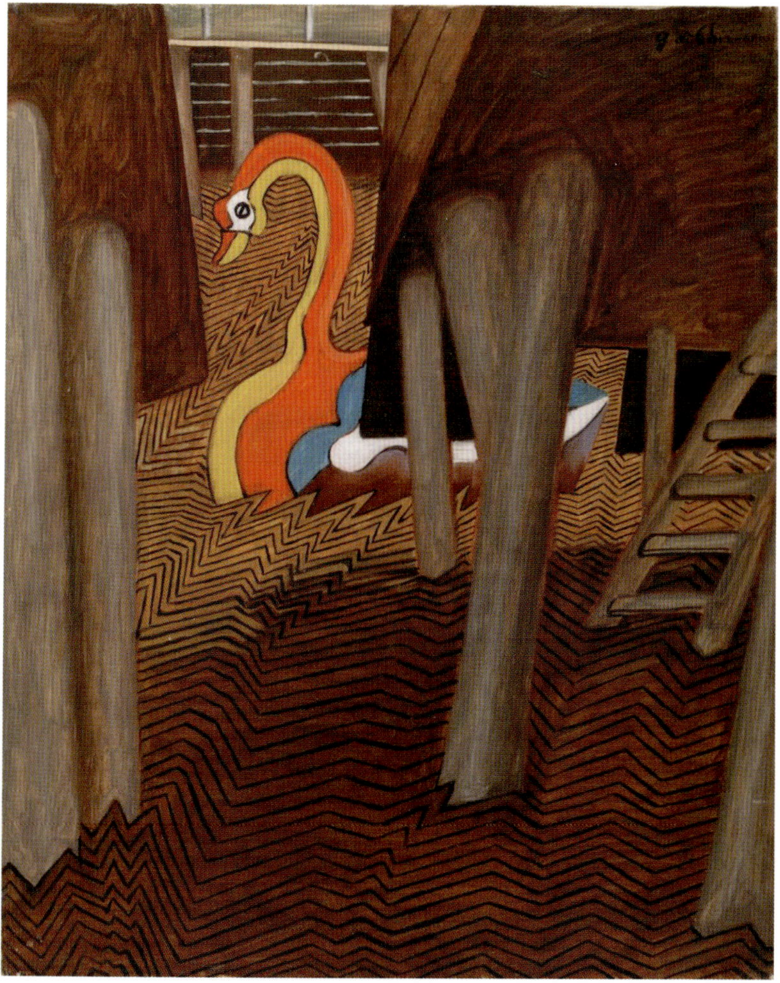

L'amoralité qui règne dans le domaine de l'art, surtout à Rome, est une chose incroyable. Une rage sourde travaille tous ces hommes qui se veulent artistes mais sentent bien leur impuissance. Toute cette course effrénée vers la mauvaise peinture, vers la pire des peintures, vers une peinture pire que la pire ! est comme une explosion de bile provoquée par l'impossibilité où sont tous ces faux artistes d'espérer parvenir, je ne dis pas, au vrai art, mais pas même à un art médiocre.

The amorality that dominates the art world, and especially in Rome, is incredible. There's a dull rage that agitates all those who want to be artists, but who are aware of their powerlessness. This mad rush towards bad painting, the worst kind of painting, worse than the worst kind of painting! It's like an explosion of bile, resulting from these false artists' inability to hope they can achieve, well, I don't say true art, or even mediocre art.

Mémoires

Autoportrait, 1949
Self-portrait
Huile sur toile, 40 x 30 cm
Paris, musée d'Art moderne de la Ville de Paris

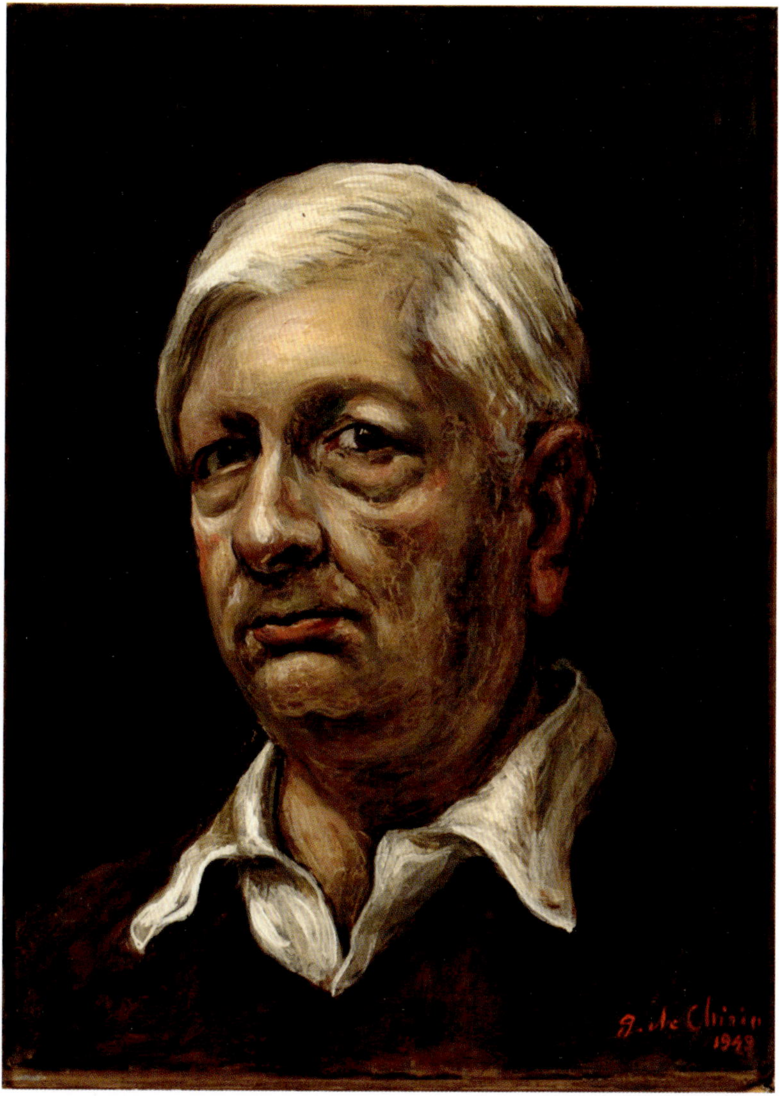

C'est la qualité de la matière qui permet de mesurer le degré de perfection d'une œuvre d'art, particulièrement dans le domaine de la peinture – et c'est cette qualité qui est la chose la plus difficile à saisir ; c'est pourquoi, aujourd'hui, les gens que l'on dit « intelligents » et, à leur tête, ceux que l'on appelle les « peintres », préfèrent passer au large d'une telle question et se réfugier commodément dans ce qu'ils nomment la « spiritualité ». [...]
À présent, je comprends sans cesse mieux le sublime que contient une œuvre de Rubens ou de Vélasquez, de Rembrandt, du Tintoret ou du Titien.

It's the quality of matter that it can measure the degree of perfection of a work of art, and particularly in painting. And this quality is the most difficult thing to grasp; which is why, today, "intelligent" people, with so-called "painters" at their forefront, prefer to sidestep the question, and to take refuge, as is their wont, in what they call "spirituality". [...]
I now understand, ever better, the sublime nature of a work by Rubens or Velázquez, Rembrandt, Tintoretto or Titian.

Mémoires

Chevaux antiques, vers 1957
Antique horses
Huile sur toile, 90 x 70 cm
Collection particulière

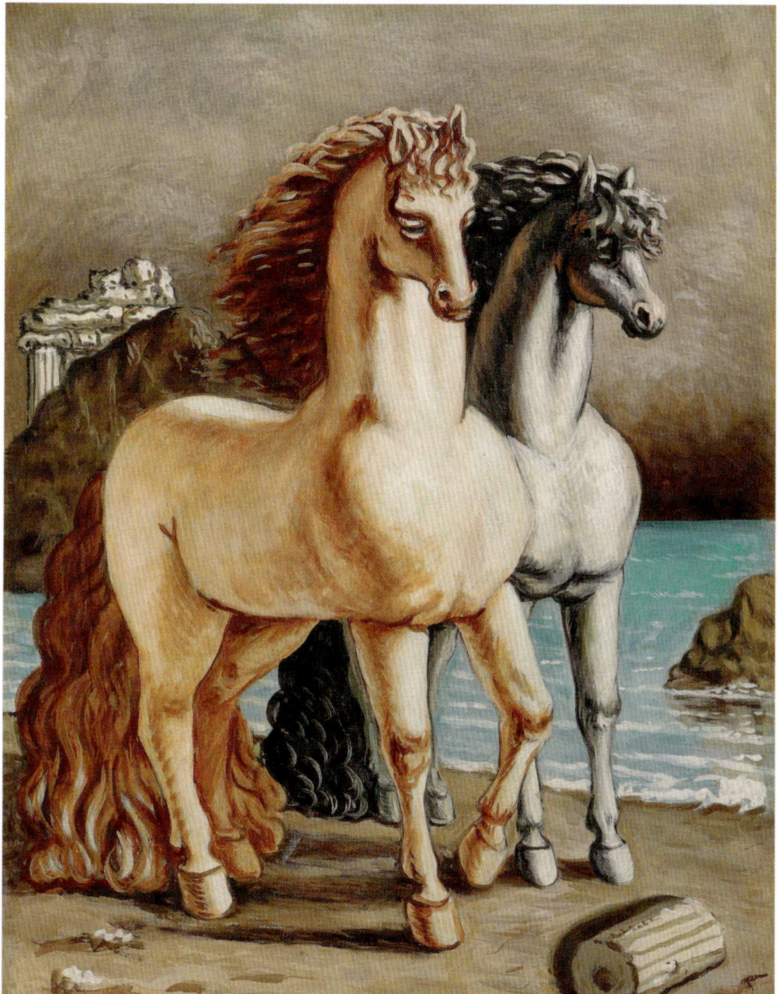

Schopenhauer et Nietzsche furent les premiers à montrer que la vie n'est que pur non sens, mais que cette absurdité a un sens profond et qu'elle peut, comme telle, être transmuée en art, qu'elle doit même constituer le squelette intime d'un art véritablement nouveau, libre et profond. Les bons artistes nouveaux sont des philosophes qui ont dépassés la philosophie. Ils sont revenus en deçà ; ils s'arrêtent devant les rectangles blancs de leurs toiles et de leurs murs parce qu'ils ont dépassé la contemplation de l'infini. Le vide terrible qu'ils ont découvert a la même absurde et tranquille beauté que la matière.

It was Schopenhauer and Nietzsche who first showed that life is pure non-sense, but that this absurdity has a profound meaning, that as such it can be turned into art, and that it can even constitute the inner skeleton of genuinely new, free, profound art. Among emerging artists, the best ones are philosophers who've gone beyond philosophy. They've come back from there. They look at the white rectangles of their canvases, and their walls, because they've transcended the contemplation of the infinite. The terrible void they've discovered has the same absurd, tranquil beauty as matter.

« Nous les métaphysiciens », *Cronache d'Attualità*, 5 février 1919

Meubles dans la vallée, 1968
Furniture in the valley
Huile sur toile, 73 x 92 cm
Collection particulière

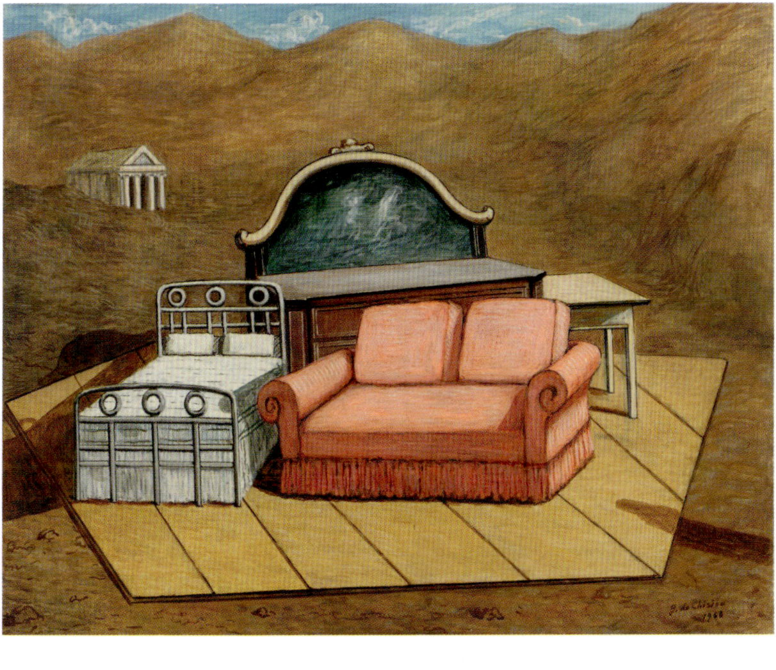

Hélas, qu'est-ce tout ce que les hommes ont fait et font encore : une poignée de boue qu'un rayon de soleil dessèche, et qu'un souffle de vent disperse.

Alas, it's what everyone's already produced, and continues to produce: a handful of mud, dried by the sun and blown away by the wind.

Notes parisiennes, 1911-1912

Le Repos du gladiateur, 1968-1969
The gladiator at rest
Huile sur toile, 82,7 x 49,8 cm
Paris, musée d'Art moderne de la Ville de Paris

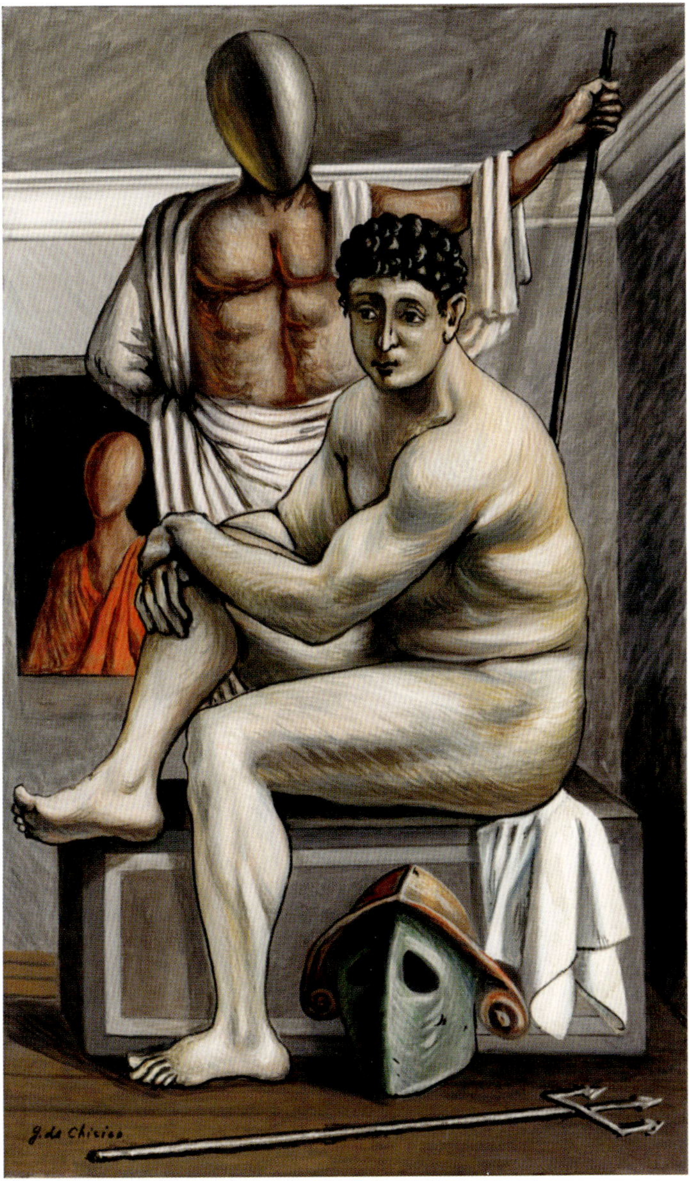
G. de Chirico

Et pour ce qui est de l'atmosphère humaine de notre époque, il n'y a qu'à réfléchir un peu sur le spectacle que nous offre aujourd'hui l'Amérique, considérée comme le pays de la liberté, le pays démocratique par excellence, et l'incroyable façon dont la justice des Etats-Unis a traité Caryl Chessman en lui faisant attendre, pendant douze ans, d'entrer dans la chambre à gaz d'un moment à l'autre. [...]
Pour ne pas penser à tant d'amoralité et de stupidité ni à tant d'horreurs, je cherche, pour ma part, de plus en plus refuge dans le travail et dans le temple sacré où deux déesses se tiennent par la main : la vraie Poésie et la vraie Peinture.

And as regards the human climate of our day, you only have to think about the way America looks, as the land of liberty, the essence of democracy, and how, incredibly, the US justice system made Caryl Chessman wait twelve years, minute after minute, to go to the gas chamber. [...]
In order to avoid thinking about so much amorality and stupidity, so many horrors, I seek refuge in work, more and more, and in the sacred temple where two goddesses hold hands: real Poetry and real Painting.

Mémoires

Offrande à Jupiter, 1971
Offering to Jupiter
Huile sur toile, 90 x 70 cm
Paris, musée d'Art moderne de la Ville de Paris

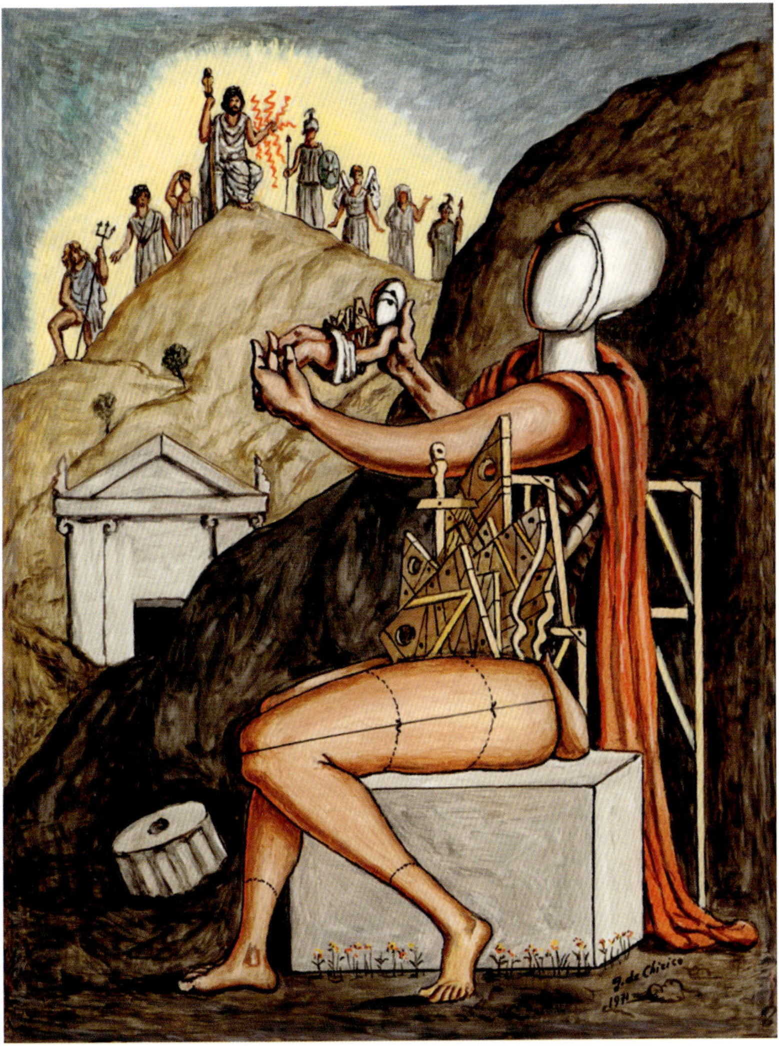
G. de Chirico
1971

Dans ma maison de la piazza di Spagna, j'ai un magnifique atelier qui est situé au cinquième étage. De la terrasse, je peux voir fréquemment de splendides spectacles dans le ciel, ciels dégagés et ciels brumeux, couchers de soleil embrasés, clairs de lune et effets de nuit avec des nuages cernés d'un jaune pâle, comme dans certaines marines des maîtres hollandais et flamands. Mon crayon et mes couleurs sont toujours prêts afin de me permettre de noter rapidement ces spectacles de la nature et de telles ébauches me servent ensuite à exécuter mes tableaux.

I have a magnificent studio on the fifth floor of Piazza di Spagna. From the balcony there are splendid views: clear skies, cloudy skies, blazing sunsets, moonlight, and nights with clouds ringed in pale yellow, as in certain seascapes by Dutch or Flemish masters. I always have my pencil and paints nearby so that I can swiftly set down these phenomena of nature, which I subsequently use as rough drafts of paintings.

Mémoires

Offrande au soleil ; Soleil et lune, 1968
Offering to the sun: Sun and moon
Huile sur toile, 59,5 x 50 cm
Rome, Fondazione Giorgio e Isa de Chirico

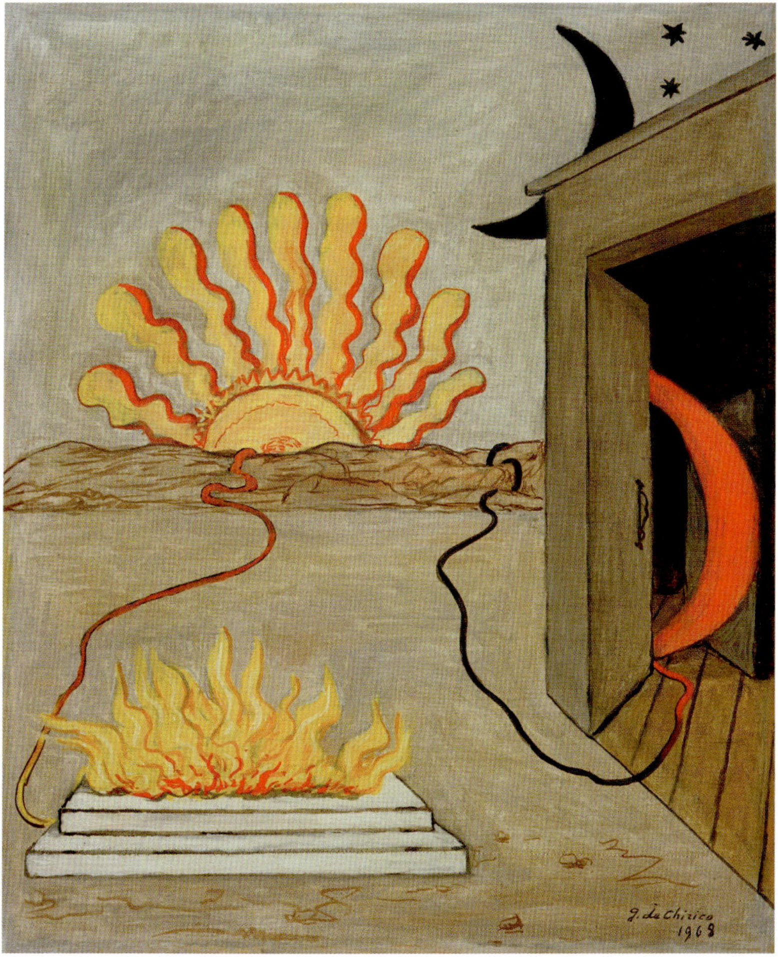
G. de Chirico
1968

Sur les places carrées les ombres s'allongent dans leur énigme mathématique ; derrière les murs les tours insensées apparaissent couvertes de petits drapeaux aux mille couleurs, et partout c'est l'infini et partout c'est le mystère. Une seule chose reste immuable comme si ses racines s'étaient figées dans les entrailles de l'éternité : c'est notre volonté d'artistes-créateurs. Regretterons-nous les *autres choses* ? Jamais. Notre joie n'en est que plus grande. Travaillons.

In orthogonal city squares, shadows stretch out as mathematical enigmas. Behind the walls there are senseless towers covered in small multicoloured flags. Everywhere, there's infinity; everywhere, there's mystery. Only one thing remains unchanged, as though its roots were frozen in the entrails of eternity – our aim as artist-creators. Will we regret the other things? Never. They just increase our joy. We work.

Notes parisiennes, 1913

Le Matin des bains mystérieux, 1973
The morning of mysterious bathing
Huile sur toile, 81 x 65 cm
Rome, Fondazione Giorgio e Ida de Chirico
Collocation de l'œuvre : Kunstmuseum di Berna

Giorgio de Chirico est né à Volos (Thessalie)
le 10 juillet 1888, et décédé le 20 novembre 1978 à Rome.

Giorgio de Chirico was born in Volos, Thessaly,
on 10 July 1888. He died in Rome on 20 November 1978.

Bibliographie sélective / Bibliography

Giorgio de Chirico, *Mémoires*, La Table Ronde, 1965
Paolo Baldacci, *Chirico, la métaphysique 1888-1919*, Flammarion, 1997
Giovanni Lista, *Giorgio de Chirico, suivi de L'Art métaphysique*, Hazan, 2009
Giorgio de Chirico, *Petit traité de technique de peinture*, Somogy, 2001
Giorgio de Chirico, *Hebdomeros*, Flammarion, 2009

Crédits photographiques / Photo credits
© akg-images / Archivio Cameraphoto Epoche : p. 2, couverture. © akg-images / Fondazione Giorgio e Ida de Chirico : p. 61, 63. © Archives Alinari, Florence, Dist. RMN-Grand Palais / Georges Tatge : p. 39. © BPK, Berlin, Dist. RMN-Grand Palais / image BStGS : p. 37. © BPK, Berlin, Dist. RMN-Grand Palais / Jürgen Liepe : p. 7. © Buffalo, The Albright-Knox Art Gallery : p. 13. © Centre Pompidou, MNAM-CCI, Dist. RMN-Grand Palais / Adam Rzepka : p. 19. © Centre Pompidou, MNAM-CCI, Dist. RMN-Grand Palais / Georges Meguerditchian : p. 33. © Chicago, The Art Institute of Chicago : p. 15, 45. © Collection particulière : p. 5, 29, 47, 53, 55. © Londres, The Tate Gallery : p. 11, 27, couverture. © New York, The Museum of Modern Art : p. 9, 17, 21, 25, 31. © Paris, musée d'Art moderne de la Ville de Paris : p. 35, 51, 57, 59. © Philadelphie, The Barnes Foundation : p. 41, 49. © Ville de Grenoble / Musée de Grenoble-J.L. Lacroix : p. 23, 43.

Traduction en anglais : John Doherty
Conception graphique / Graphics : Sébastien Lecoultre (Villeurbanne)
Impression / Printing : Alpha (Peaugres) / Façonnage / Binding : Afinition (Saint-Alban)
Achevé d'imprimer en février 2020 © Fage éditions, Lyon, 2020
Dépôt legal février 2020 / ISBN 978 2 84975 627 0

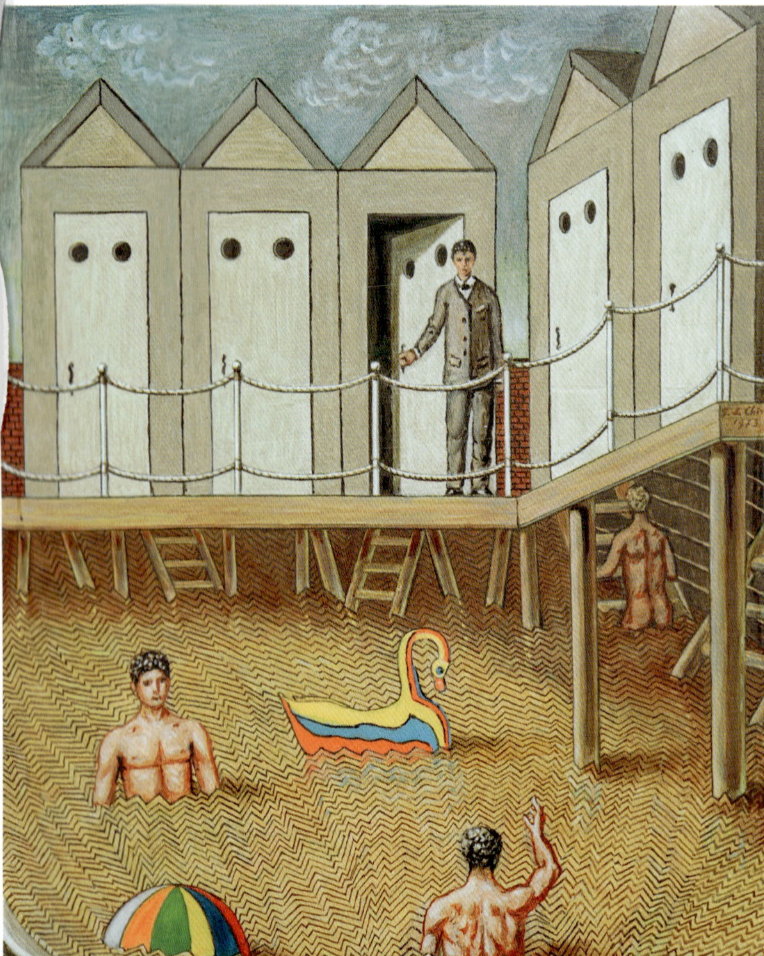